by
KARIN
NIEDER
MEIER

Pizza Arte

Kunst, die man essen kann. Die leckersten
Kunstwerke, die Sie je gegessen haben.

MARY HAHN
VERLAG

Idee, Konzeption, Text,
Fotografie, Foodstyling und
Gesamtgestaltung:
Karin Niedermeier, München

© Fotos und Texte by
Karin Niedermeier, München

© 2002 by Mary Hahn Verlag
in der F.A. Herbig Verlagsbuch-
handlung GmbH, München

Besuchen Sie uns im Internet:
http://www.herbig.net

Herstellung: VerlagsService
Dr. Helmut Neuberger und
Karl Schaumann GmbH,
Heimstetten
Druck und Binden:
Offizin Andersen Nexö Leipzig
Printed in Germany
ISBN 3-87287-506-X

Inhaltsverzeichnis

Pizza Arte

Die Geschichte der Pizza

Wussten Sie schon, dass die Pizza eine fast 3000-jährige Geschichte hat? ○ Fast alle Kulturen kannten die verschiedensten Fladen aus Getreidemehl, Wasser und anderen Zutaten als wesentlichen Bestandteil ihrer Ernährung. ○ Bereits die alten Ägypter feierten mit der Urpizza den Geburtstag ihres Pharaos. Von Herodot ist überliefert, dass die Babylonier bereits im siebten Jahrhundert vor Christus Pizzarezepte kannten. ○ Fladenbrote waren die Hauptnahrung der antiken Heerscharen und auch die Griechen im klassischen Altertum buken schon Pizza ähnliche Fladen. Griechische Schriftsteller berichten von der maza , wie im Altgriechischen die Pizza genannt wurde. ○ Von Griechenland gelangte die Pizza wahrscheinlich nach Italien. Dort wurde sie zum typischen, volkstümlichen Gericht des Mittelmeerraumes. ○ Die Neapolitaner verpassten der Pizza Tomate und Käse – zwei Zutaten, ohne die eine Pizza fast nicht denkbar ist. Die Pizza Margherita war geboren. Um den Namen Margherita ranken sich zahlreiche Legenden.

Die eine besagt, dass eine arme Mamma Margherita nicht wusste, wie sie ihre Familie satt kriegen sollte. So knetete sie einen Getreidefladen, gab Tomatensauce darauf und streute Käse darüber. Das Ganze buk sie dann auf heißen Steinen. Einen richtigen Ofen hatte sie ja nicht. ○ Die Familie war begeistert und nannte die Pizza nach ihrer Mamma Margherita. Soweit die Geschichte der armen Mamma.

Die zweite Legende führt uns zurück in die Zeiten der Monarchie. Ein Raffaelo Eposito von der Pizzeria >Pietro e Basta Cosi< bereitete seinerzeit drei Arten von Pizzen: ○ eine mit Olivenöl, Käse und Basilikum, ○ eine mit kleinen weißen Fischen, den so genannten cecenielle, ○ und eine mit Mozzarella und Tomaten.

Letztere war es, die ihrer Majestät, der Königin Margherita von Savoia, so vorzüglich gemundet haben soll. Dafür bedankte sie sich im Juni 1889 mit einem Brief, den ihr Küchenchef, ein Herr Galli Camillo, geschrieben haben soll. ○ Vielleicht liegt die Wahrheit in einer dritten Version. Wie wäre es, wenn die arme Mamma Margherita die >Margherita< erfunden hätte und die Pizza später über einen Freund der Familie den Weg in die königliche Küche fand? Aber wie dem auch sei. Wichtig ist doch lediglich, dass die Pizza Margherita überhaupt erfunden wurde. Denn sonst hätten wir ja heute keine *Leinwand* für unsere künstlerischen Pizzen. ○ Doch bleiben wir vorher noch ein wenig der Pizza auf der Spur. ○ Vom Mittelalter bis in die Renaissance eroberte die Pizza vom einfachen Volk bis zur Aristokratie die Herzen der Menschen. ○ Sie war das Essen der armen Teufel und das der Könige. ○ Das Wort *Pizza* taucht schon im Hochmittelalter auf. ○ In den folgenden Jahrhunderten entstanden immer mehr lokale Varianten der Pizza. Sie veränderte sich ständig, von süß bis salzig. Heute ist sie von pane bis pizza con tutto auf jeder italienischen Speisekarte zu finden. Und nicht nur auf Italienisch.

Im 18. Jahrhundert war die Pizza bereits in aller Munde. Des Neapolitaners liebste Speise wurde zur kulinarischen Tradition der Stadt. ○ Die Pizza wurde im Backofen gebacken und danach in Straßen und Gassen von laut schreienden Laufburschen angeboten und verkauft. Es gab also schon damals so eine Art call a pizza. Zwar nicht übers Telefon, aber sicher viel melodischer. ○ Um die Jahrhundertwende begann man dann die Pizza nicht nur auf der Straße zu essen oder sie sich nach Hause bringen zu lassen, sondern dort zu essen, wo sie gemacht wurde. Frisch aus dem Backofen. Man stellte neben die Pizzaöfen und das Zutatenregal ein paar Tische und Stühle – fertig war die >Pizzeria<. Es machte Spaß zuzusehen, wenn ein Pizzabäcker *voll in action* war. Wie sagt man doch so schön: Ein Italiener – ein Schauspieler, zwei Italiener – ein Schauspiel, drei Italiener – ein ganzes Welttheater.

Heute gibt es allein in Deutschland rund 43.000 Pizzerien und rund 7000 Pizza-Bringdienste.

Im Laufe des 20. Jahrhunderts eroberte die Pizza Europa und die neue Welt Amerika. ○ Einwanderer brachten die Pizza nach New York und Chicago, weil diese beiden Städte die größte italiensche Bevölkerung hatten. ○ Die New Yorker Pizza war aber sehr viel dünner als die in Chicago. Das hatte seinen Grund: Ein dünner Boden ließ sich schneller backen. Allerdings konnte man dünnen Teig nicht so reichhaltig belegen. Also nahm man einfach weniger, bis man sie fast ganz ohne toppings servierte. ○ Pizza Pane war geboren und wurde als französisches Pizza-Brot bekannt. ○ Man begann in kleinen Straßencafés Pizza anzubieten und von den Studenten bis hin zu den amerikanischen Soldaten wurde die Pizza mit Begeisterung vertilgt. ○ Auch in Asien wird sie immer beliebter. In Indien gehören Fladenbrote seit jeher zu den Grundnahrungsmitteln. ○ In Indien fand man sogar eine 100 Jahre alte versteinerte Pizza, in die ein Punktemuster eingedrückt war. Heute werden ja auch bei uns in Bäckereien oft Familienstempel als Zeichen einer bestimmten Qualität eingedrückt.

Die Pizza entwickelte sich in den verschiedenstes Arten und Größen. Äpfel oder Kirschen, pikante Saucen oder *mexican flavor*, Spinat oder Feta – alles kam auf die Pizza. Man verteilte die Zutaten nicht mehr auf die ganze Pizza, sondern häufte sie auf eine Hälfte, klappte die andere Hälfte darüber und drückte Ränder fest. So war sie einfacher mit der Hand zu essen. Die Pizza Calzone hatte das Licht der Welt erblickt.

Die Pizza wurde zum fun food für Kinder, weil sie so schön leicht mit der Hand zu essen ist. Und das ist gut so. Also vergesst Messer und Gabel!

Die Pizza und ihre Zutaten

Die Grundzutaten kennen Sie ja schon. Es sind Getreidemehl, Wasser, Olivenöl, Tomaten und Mozzarella. Diese Zutaten können variieren, je nachdem, welche Art von Pizza wir backen wollen.

Das Getreidemehl enthält komplexe Kohlenhydrate, die langsamer als einfache Kohlenhydrate wie Zucker absorbiert werden. Deshalb sättigt die Pizza ungemein und stellt eine vollständige Mahlzeit dar.

Olivenöl ist das gesündeste Fett und reich an HDL, dem guten Cholesterin, das die Arterien reinigt. Olivenöl enthält die Vitamine A, D, E und K. Als bestes gilt das kalt gepresste Olivenöl aus Kreta.

Mozzarella – der Käse ist reich an Proteinen.
Typische Gewürze für eine Pizza sind Basilikum, Knoblauch und Oregano.

Basilikum duftet betörend, hat antiseptische Eigenschaften, ist entzündungshemmend und hilft der Verdauung.

Knoblauch ist nicht nur gut gegen Vampire, sondern stärkt vor allem das Herz. Frischer Knoblauch wirkt Blut reinigend. Knoblauch ist besonders reich an Vitamin C, Thiamin und Natrium. Schon die Handwerker der ägyptischen Pyramiden erhielten täglich Knoblauch zur Abwehr von Krankheiten. Der griechische Arzt Gaten (um 130–200 n. Chr.) bezeichnete Knoblauch sogar als das >bedeutendste Heilmittel<.

Oregano regt den Appetit an und ist **gut für den Hals**, wo er Husten löst und Entzündungen hemmt.

Interessant ist, dass alle Zutaten auch in der *Mittelmeerdiät* enthalten sind und Krankheiten unserer Zeit wie Arterienverkalkung und Bluthochdruck sowie Herzinfaktrisiken behandeln helfen.

Pizza enthält zudem Eisen und Vitamin B, ist leicht verdaulich und **macht nicht dick** (es sei denn, Sie belegen Ihre Pizza ausschließlich und mit mehreren Lagen Käse).

Heiß oder kalt?

Zum Mittagslunch oder zum Abendessen muss die Pizza heiß serviert werden. ○ Wichtig ist, dass der Käse schmilzt und richtig schön Fäden zieht. ○ Kalte Pizza kann man zum Frühstück essen. Etwas gewöhnungsbedürftig, aber manche schwören drauf. ○ Man kann sie aber auch ganz einfach in der Mikrowelle aufwärmen, aber überhitzen Sie sie nicht, sonst wird sie steinhart. ○ Obwohl manche die wieder **aufgewärmte Pizza** bevorzugen, bin ich der Meinung, ofenfrisch schmeckt sie doch am besten.

11

Grundrezepte

Pizzateig

Zutaten für etwa 10 Minipizzen: ○ 500 g Mehl ○ 1 Päckchen Trockenhefe für 500 g Mehl ○ 1 EL Zucker ○ 1 gehäufter TL Salz ○ 6 EL Olivenöl

Das Mehl in eine Schüssel füllen und mit einem Esslöffel eine Mulde in die Mitte drücken. Die Hefe mit dem Zucker hineinstreuen. Die Hefe und den Zucker mit 4 Esslöffeln lauwarmem Wasser und etwas Mehl vom Rand der Mulde kurz verrühren. Die Schüssel mit einem Tuch abdecken und den Vorteig an einem warmen Ort etwa 15 Minuten gehen lassen. ○ Salz, 100 ml lauwarmes Wasser und Olivenöl zum Teig geben. Mit den Knethaken des Handrührgerätes gut verkneten, dann auf der leicht bemehlten Arbeitsfläche mit den Händen kräftig durchkneten, bis der Teig geschmeidig ist. ○ Den Pizzateig zugedeckt etwa 30 Minuten ruhen lassen. Den Backofen auf 170 °C vorheizen. Die Backbleche mit Backpapier belegen. ○ Den Teig auf einer gut bemehlten Arbeitsfläche mit dem Nudelholz fingerdick ausrollen. ○ Mit einem spitzen Messer die Formen je nach Kunstwerk ausschneiden. Die Pizzen auf das vorbereitete Backblech legen. Die Tomatensauce darauf streichen und mit Käse bestreuen. Weitere Zugaben je nach Motto der Pizza. ○ Die Pizzen im Ofen etwa 15 bis 20 Minuten knusprig backen.

Tomatensauce

Zutaten für etwa 10 Minipizzen: 1 kleine Zwiebel ○ 1 Knoblauchzehe ○ 2 EL Olivenöl ○ 400 g geschälte Tomaten aus der Dose ○ Zucker ○ Salz ○ Pfeffer ○ Oregano ○ Basilikum

Die Zwiebel und die Knoblauchzehe schälen, fein hacken und in einem kleinen Topf in 2 Esslöffel Olivenöl leicht anbraten. ○ Die Tomaten in einem Sieb abtropfen lassen, dazugeben und mit einem Kochlöffel zerdrücken. Mit Zucker, Salz, Pfeffer, Oregano und Basilikum nach Geschmack würzen. ○ Die Sauce etwa 15 Minuten bei niedriger Hitze köcheln lassen.

Pizza Pane

Zutaten für etwa 12 Minipizzen: ○ 500 g Mehl ○ ½ Päckchen Trockenhefe ○ 1 TL Zucker ○ 1 gehäufter TL Salz ○ 4 EL Olivenöl ○ 100 g geriebenen Parmesan

Den Vorteig für Pizza Pane wie auf S.13 bei Pizzateig beschrieben, zubereiten. ○ Salz, 100 ml lauwarmes Wasser und Olivenöl zum Teig geben. Mit den Knethaken des Handrührgerätes gut verkneten. ○ Den Teig auf einer leicht bemehlten Arbeitsfläche kräftig durchkneten. Den Parmesan nach und nach dem Teig dazugeben und gut verkneten, bis er geschmeidig ist. ○ Den Pizzateig zugedeckt etwa 30 Minuten ruhen lassen. Den Backofen auf 170 °C vorheizen. Die Backbleche mit Backpapier belegen. ○ Den Teig auf einer gut bemehlten Arbeitsfläche mit dem bemehlten Nudelholz einen halben Zentimeter dünn ausrollen. ○ Mit einem spitzen Messer die Formen je nach Kunstwerk ausschneiden. Die Pizzen auf das vorbereitete Backblech legen und je nach Thema rot, gelb oder grün (siehe unten) bestreichen. ○ Im Ofen etwa 10 bis 15 Minuten knusprig backen.

Grüne Sauce

3 Knoblauchzehen ○ 4 EL Olivenöl ○ Zucker ○ Salz ○ Pfeffer ○ Oregano ○ Basilikum ○ Thymian ○ oder italienische Kräuter-Mischungen

Die Knoblauchzehen schälen, ganz fein hacken und mit dem Olivenöl in kleines Schüsselchen geben. ○ Mit Zucker, Salz, Pfeffer, Oregan, Basilikum und Thymian oder mit der italienischen Kräuter-Mischung nach Geschmack würzen. ○ Die Sauce vor dem Backen mit einem Pinsel oder Löffel auf die Pizza streichen.

14

Gelbe Sauce

1 kleine Zwiebel ○ 2 EL Olivenöl ○ 6 gelbe Eiertomaten
○ Zucker ○ Salz ○ Pfeffer ○ Oregano ○ Currypulver

Die Zwiebel schälen, fein hacken und in einem kleinen Topf im Olivenöl
leicht anbraten. ○ Die Eiertomaten klein würfeln und dazugeben. ○
Mit Zucker, Salz, Pfeffer, Oregano und Currypulver nach Geschmack fein
würzen. ○ Die Sauce etwa 15 Minuten bei niedriger Hitze köcheln lassen.
○ Vor dem Backen mit einem Löffel auf die Pizza streichen.

Süße Pizza

1 Packung Blätterteig aus der Tiefkühltruhe (450 g) ○ 240 g Aprikosen aus
der Dose ○ 300 g Himbeeren oder Erdbeeren, frisch oder tiefgefroren ○
1 unbehandelte Orange ○ 1 unbehandelte Zitrone ○ 2 Päckchen Vanillezucker ○ 1 Eigelb ○ 2 EL Milch

Die Blätterteigscheiben, wie auf der Packung beschrieben, kurz antauen
lassen. ○ Inzwischen die Aprikosen gut abtropfen . Die Orange und die
Zitrone auspressen und jeweils etwas Schale abraspeln. ○ Für die gelbe
Sauce die Aprikosen in eine hohe Schüssel geben, mit der Schale und dem
Saft der Orange und einem Päckchen Vanillezucker mit dem Zauberstab
mixen. Für die rote Sauce die Himbeeren oder Erdbeeren zusammen mit
der Schale und dem Saft der Zitrone und einem Päckchen Vanillezucker
ebenfalls in einer hohen Schüssel mixen. ○ Das Backblech mit Backpapier
belegen. ○ Auf einer leicht bemehlten Arbeitsfläche die Blätterteigscheiben
nicht zu dünn ausrollen. Mit einem spitzen Messer die gewünschten Formen
ausschneiden. ○ Die Teigformen auf das vorbereitete Backblech legen.
○ Das Eigelb mit der Milch verquirlen und mit einem Pinsel die Teigformen
bestreichen. ○ Weitere Zutaten je nach Motto der Pizza. ○ Nach Packungs-
beilage des Blätterteigs im Ofen goldgelb backen.

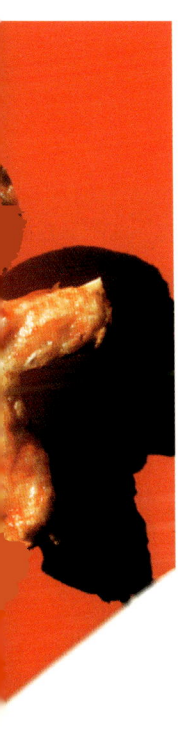

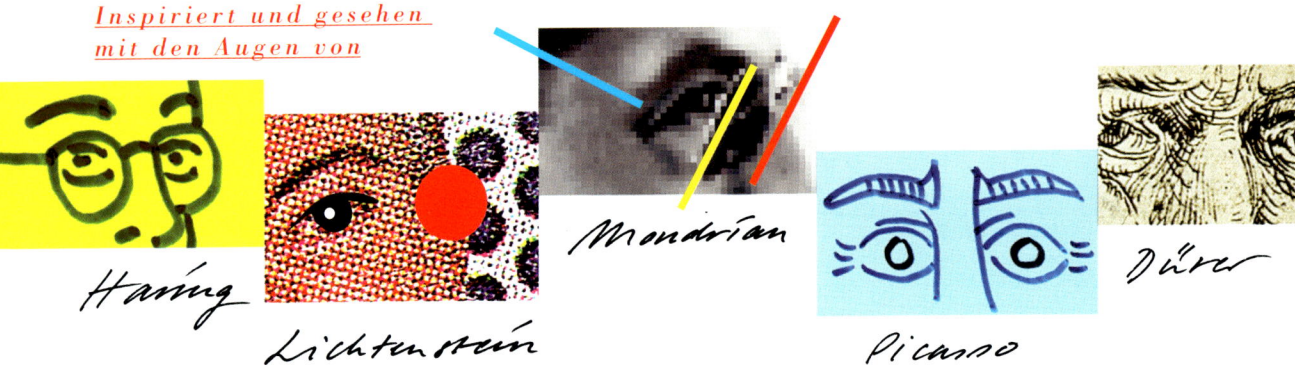

Haring

Lichtenstein

Mondrian

Picasso

Dürer

Die große Kunst

Pane à la Picasso

Pizza Pane passt zu vielen Gelegenheiten. Nicht nur als Vorspeise zu italienischen Gerichten, sondern auch einfach nur
zum Knabbern. • Man isst Pizza Pane, wenn man Zeit hat und
genießen will. Was liegt näher, als den Knabberspaß auch
optisch genussvoll in Szene zu setzen? • Unser Vorbild ist hier
Meister Pablo Picasso. Seine einfachen linearen und ausdrucksstarken Zeichnungen lassen sich prima auf Pizzateig
übertragen. • Walzen Sie Ihren Teig dafür extra flach aus und
schneiden Sie die gewünschte Form mit einem spitzen Messer
aus. Die Zeichnung lässt sich ganz einfach mit einem Löffel
in den weichen Teig drücken. • Vor dem Backen einfach noch
schnell mit Olivenöl bestreichen und mit Knoblauchpulver,
Salz und geriebenem Parmesankäse bestreuen. Auf die Eule
haben wir statt Knoblauch Kümmel gestreut.

*Drei von Pablos
>Acht Silhouetten<,
1946. • Very sexy und
very crispy. Mmmh!
Anknabbern erwünscht.*

*Für diese Pizza haben
wir die Eule vom
Stuhl geholt. Vorbild:
>Eule auf dem Stuhl<.
Pablos Lithografie,
1947. • Die Augen sind
zwei Oliven, der
Schnabel eine eingelegte
Knoblauchzehe.*

19

PIZZA
à la Picasso

Pablos >Musizierendem Faun< von 1948 sitzt förmlich der
Schalk im Nacken. • Viel Tomaten, viele Knoblauchscheiben
und pikante Peperonis – herzhaft und spicy.

Hommage an Magritte

Hol Dir den Frühling auf den Teller. • René Magritte liefert die Vorlage mit seinem Bild Der Frühling, 1965. • Richtig viel Käse drauf, mit Oregano und Basilikum bestreuen. Nach dem Backen mit frischen Kräutern, z.B. Pimpernelle, dekorativ anrichten. • Frisch servieren, bevor die Taube das Weite sucht.

21

PIZZA
à la Mondrian

Ein echter Klassiker. Mit Mondrian liegen Sie immer richtig. •
Modell: >Komposition in Farbe A<, 1917. • Natürlich mussten
wir die Farben etwas abändern, denn blaue Paprika gibt es
leider nicht. • Die farbigen Rechtecke aus großen Paprikaschoten schneiden, dann sind sie schön flach. • Die schwarzen
Linien sind aus getrocknetem Seetang, den Sie nicht nur in
Asiashops bekommen. • Eine echt neue Kreation, nicht nur
exotisch, sondern auch extrem lecker.

*Die Pizza à la Mondrian
ist auch besonders
gut geeignet für Ihre
Pizza-Party. • Ein
Backblech voll, in kleine
Teile geschnitten, und
schon bekommt
jeder seinen persönlichen
Mondrian.*

22

Abstraktes Kabinett

Linienspiele mit Mondrian. • Da werden Ihre Freunde staunen, denn so eine Pizza haben sie sicher noch nie gesehen. • Die Linienkompositionen sind genau das Richtige für anspruchsvolle Gäste. Wer errät, welche Kompositionen hier Pate gestanden haben, erhält eine Extraportion. • >Komposition mit zwei Linien< (1931) • >Komposition II mit schwarzen Linien< (1930) • >Komposition mit gelben Linien< (1933).

Die Seetangstreifen mit der Schere wie Papier schneiden. • Schneiden Sie die Streifen ruhig einen Zentimeter länger, weil sie bei Hitze noch schrumpfen. • Am besten schmeckt es, wenn Sie die Streifen erst nach dem Backen auf die noch heiße Pizza legen.

Meditieren Sie à la Mondrian und nehmen Sie geistig Maß.
Dann wird Ihre Pizza sicher gelingen.

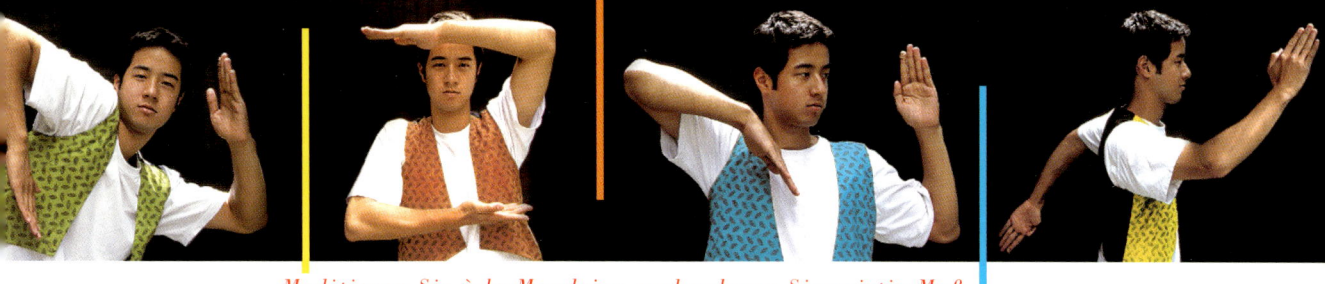

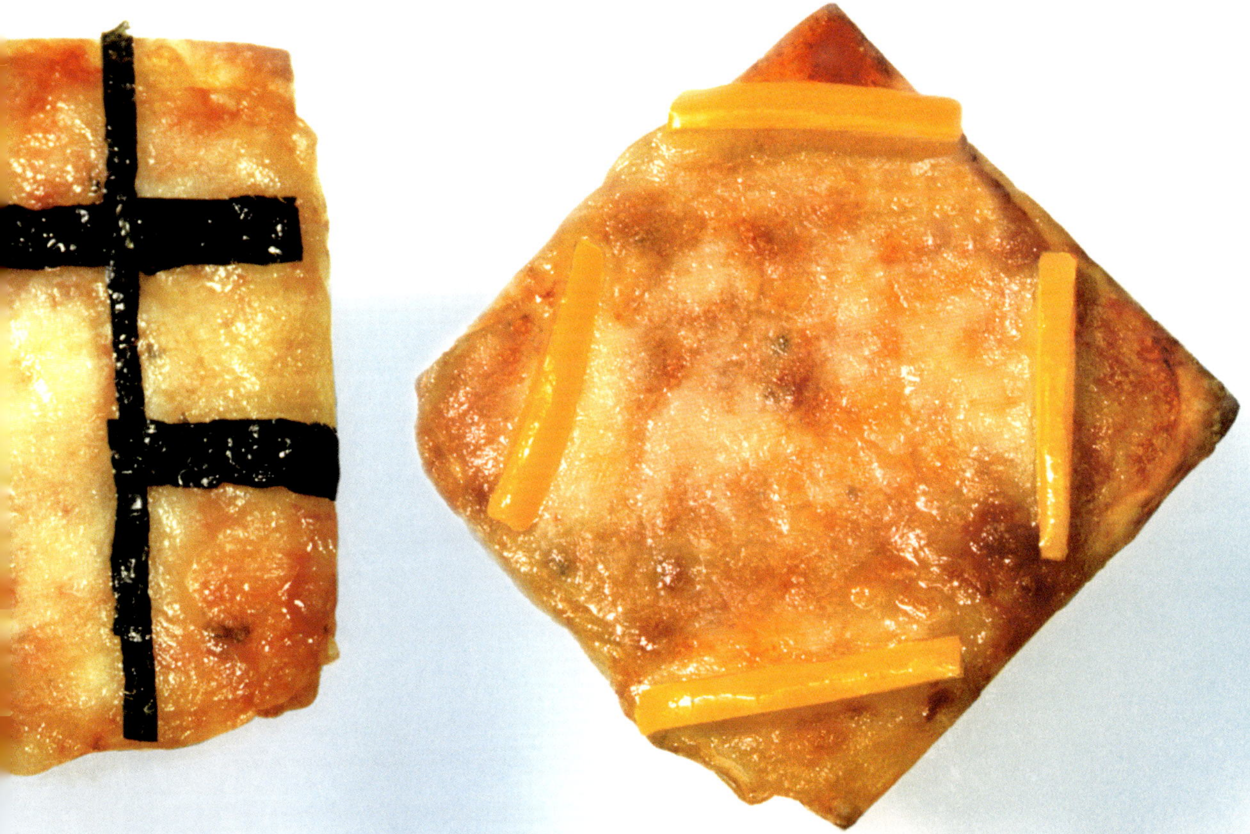

Lichtenstein Golf

Golf spielen mit Lichtenstein. • Haben Sie noch Sex, oder spielen Sie schon Golf? •
Sie sehen, mit dieser Pizza liegen Sie immer richtig. Bei Golfern, und wenn Sie einmal
jemanden ganz diskret etwas fragen wollen. • Eine Spitzpaprika der Länge nach halbieren
und in Streifen schneiden. So ergeben sich die Halbkreise, die wie unten auf dem Bild
ersichtlich auf Sauce und Käse gelegt werden. • Unser Modell: >Golfball< (1962).

26

P I Z Z A

Rote Socke

Socken backen mit Lichtenstein • Roy Lichtenstein ist einer der Gründerväter der
Pop Art. • Dass seine Ideen aber einmal für eine Pizza herhalten müssen, das hätte
er sich bestimmt nicht träumen lassen. • Heute könnte die >rote Socke< wieder
ein Verkaufsschlager werden. Als Pflichtmenü für alle >Roten<. • So richtig satt mit
Tomatensauce bestreichen. • Die Seetangstreifen erst nach dem Backen auflegen. •
Unser Modell: >Socke< (1961).

Wenn Sie >heiße Socken<
servieren wollen,
dann mischen Sie doch
einfach klein gehackte,
scharfe Peperoni-
stückchen unter Ihre
Tomatensauce.

•

Dann bleibt bestimmt
kein Auge trocken.

P I Z Z A
Sunrise

...und immer wieder geht die Sonne auf. • Sonnenaufgang
bei Lichtensteins. • Pizza zum Frühstück? Wenn Ihnen
das zu heavy ist, dann sagen Sie einfach, das ist ein Sonnen-
untergang – und schon haben Sie ein tolles Dinner. • Für
die Hügel, hinter denen die Sonne verschwindet, nehmen
Sie gelbe Paprikaschoten, mit grünen und roten Paprikstreifen
als Abschluss. Die Sonne und ihre Strahlen bestehen aus
gelber Paprika und Kapern.

Eine leckere
Variante
sind auch
Pfirsichhälften
aus der Dose.

Utopia Records

Ein besserer Namen für diese Pizza lässt sich kaum finden. • Oder ist es nicht **utopisch schön** und fantastisch skurril – eine **Schallplatte als Pizza?** • Die Musik spielt uns der schwarze Seetang. • Erst Tomatensauce, dann ordentlich geriebenen Käse drauf. In die Mitte haben wir je einen Schnitzer Aubergine (im Thailaden gibt es sie sogar in blau, gelb oder weiß), gelbe Paprika und Zucchino gegeben. Zum Abschluss eine Kaper für das Loch in der Platte auflegen. Ab mit der Pizza in den Backofen. • Die Seetang-Scheibe erst nach dem Backen auflegen, aber das wissen Sie ja schon. • Unser Modell: >Utopia Records< à la Milton Glaser (1975).

29

P I Z Z A
Butterfly

Ein Schmetterling à la Ikko Tanaka. • Japanische Ästhetik auf Ihrer Pizza.
Die Form stammt vom japanischen Großmeister des Grafikdesigns – den Geschmack
bestimmen Sie: mit Seetang, blauen Auberginen, Oliven, bunter Paprika,
Cocktailtomaten oder Pepperonis. • Die zwei Fühler unseres Schmetterlings sind
Schnittlauchhalme mit Knospe. • Modell: >Hanae Mori< von Ikko Tanaka (1978).

Tipp:
Schneiden Sie sich
aus Ihrem Pizzateig
einfach zwei Rechtecke,
ein großes und ein
kleineres. • Halbieren
Sie diese Quadrate
diagonal und schon haben
Sie die Form unseres
Schmetterlings.

PIZZA
à la Jasper Jones

Jasper Jones reduzierte den formellen Inhalt seiner Bilder auf wenig schablonenhafte Elemente. Schablonen im Sinne von Figurationen. Das macht es uns einfach, seine Werke auf eine Pizza zu übertragen. • Lassen Sie die Stäbchen tanzen! • Die Paprikastreifen bilden die Herren und die Zucchinistreifen die Damen – und schon sind sie fertig, die dancers in a plane, unser Vorbild von Jasper Jones für diese Pizza.

31

Willst Du mein Prinz sein und von meinem Schmetterling naschen?

P I Z Z A
Sculptura

Unser Modell: >Untiteled< 1995–1997 • Joel Shapiro gab seiner Plastik keinen Titel. So können Sie selbst interpretieren, was Sie wollen: Wie wäre es denn damit? Strichmännchen beim City-Marathon. Gerade als es die Zielgerade passiert, stolpert es. • Soviel Zeit wie Shapiro sollten Sie sich aber nicht lassen, sonst ist Ihre Pizza ungenießbar. • Wir haben unsere Stückchen mit einer extra Scheibe Käse belegt, Cocktailtomaten und Seetang.

Hommage an Frank Stella

Frank Stella lässt die Verhältnisse tanzen. • Keilartige Dreiecke trennen und ziehen sich zugleich an. Da Pizzen heiß am besten schmecken, haben wir uns von Stellas Brazilian Series inspirieren lassen: atmosphärische Farbigkeit und exotische Farben-pracht. • Fein und spicy und brasilianisch temperamentvoll. • Unser Modell: >Arpoador< (Brazilian Series) 1974/1975.

33

PIZZA
à la Vasarély

Bildthemen oder -inhalte fehlen in gewohntem Sinne bei
Victor Vasarély. • Der Sinn seiner Pop-Art-Werke liegt allein
im Visuellen. Der Künstler will uns bewusst zum Sehen
aktivieren. • Seine bevorzugten Gestaltungsmittel sind Raster.
Diese lassen sich einfach und grafisch sehr reizvoll auf
unsere Pizzen übertragen.

34

Mit gefüllten Olivenscheiben und Kapern lassen sich die schönsten Vasarélys fälschen.
• Oder nehmen Sie schwarze Oliven und bunt gewürfelte Paprikastückchen, wie unten
auf dem Foto. • Optisch interessante Varianten ergeben sich mit Cocktailtomaten,
Kirschen oder einfach allem, was rund ist und gut schmeckt. • Lassen Sie Ihrer
Phantasie doch freien Lauf und irritieren Sie Ihre Gäste durch optische und räumliche
Illusionen à la Vasarély.

Hommage an Keith Haring

Allein mit den vielen Ideen von Keith Haring könnte man ein ganzes Buch mit verrückten Pizzen füllen. Harings Männchen sind ideale Pizza-Pane-Figuren.
• Legen Sie sie durcheinander, wie links auf dem Foto, oder stapeln Sie sie. Sie werden immer ein geiles Kunstwerk haben. • Auf der nächsten Seite finden Sie einige Schablonen. • Pausen Sie doch einfach die Männchen auf Backpapier durch. • So können Sie ganz leicht Ihre Formen aus dem Pizza-Pane-Teig schneiden.

37

Du, was bedeutet
jetzt XX? Sind das nun zwei
Männlein, oder zwei
Weiblein, oder Heteros?

Seien Sie kreativ
und verleihen Sie jedem
ihrer Männchen
ein ganz besonderes
und individuelles
Aussehen. • Sie werden
sehen, es macht Spaß,
und Sie kommen
ganz von selbst
auf immer neue Ideen.

PIZZA
Wau wau

Schon mal einen Hund gegessen? • Beißen Sie ruhig hinein – dieser hier ==schmeckt prima== und ist auch für Vegetarier gut geeignet. • Das lustige Muster unseres Hundes ist aus Kapern. Wenn Sie es lieber etwas heißer mögen, verwenden Sie doch eingelegte Pfefferkörnchen. • Doggy-food vom Feinsten.

Homo erectus

Nicht nur bei Keith Haring darf ein Schuss Erotik nicht fehlen. • Der kleine Johannes steht nach oben, und Hansi hat schon einen roten Kopf. • Peinlich, peinlich.

Albrecht Dürer

Alter deutscher Meister ganz modern interpretiert. • Ein ewig aktuelles Thema: Eva
verführt Adam. • Ist sie nicht süß, unsere Eva?
Wie sie verführerisch mit dem Paradeiser
spielt. • Adam und Eva sollten Sie schon als
richtige Pizza backen, damit sie schön auf geht
und rund wird, so richtig zum Anbeißen. •
An die richtige Stelle legen Sie nicht nur zur
Abrundung des Geschmacks ein Minzezweiglein.
• Unser Modell: >Adam und Eva< von Albrecht
Dürer (1507).

Die richtige Vorspeise
für Ihr biblisches Pärchen ist
ein Pizza-Pane Feldhase.
• Modell: Junger Feldhase, 1502. •
Stückchen von einer schwarzen Olive
bilden Gesicht und Pfoten.

43

Hommage an Hokusai

Sie brauchen sich ja nicht gleich Hokusais <mark>100 Ansichten des Berges Fuji</mark> vorzunehmen. Fangen Sie vorerst mit einer an. • Wie wäre es mit dem Fuji hinter dem Bambuswald? • Hier können Sie <u>ganz exotisch</u> werden, mit asiatischen Kräutern und Gewürzen. • Oder machen Sie Ihre Pizza auf gut deutsch mit Schnittlauch, Petersilie und Paprika, oder auf italienisch mit Basilikum, oder auf... mit...

44

*Für ganz Mutige:
>Der Fuji hinter dem
Bambuswald< aus den
hundert Ansichten
des Fuji von Katsushika
Hokusai, dem letzten
großen Meister des
japanischen Holz-
schnittes. Um 1835.*

Jardin Rousseau

Lassen Sie sich inspirieren von den exotischen Blumenbildern von Henri Rousseau •
Von seiner verträumten Poesie, von seinen Gartenbildern voller Magie. • Den Boden
für Ihre Rousseau-Pizza bildet die Pizza Margherita mit roter oder gelber Tomatensauce,
knusprig kross gebacken. • Erst die fertige Pizza mit den frischen Beilagen belegen.
Mit kleinen gedünsteten Maiskolben und grünen Bohnen, Basilikumblättern, thailändischen
Dokkae-Blüten, blühenden Knoblauchstangen, Pfefferkörnern, Spargelspitzen, Cocktailtomaten, Pimpernelle und was ihr Kräutergärtchen sonst noch alles hergibt.

Gärtnern einmal anders.
• Der erste Garten,
den man essen kann –
und ein Wunder der Natur.

P I Z Z A
à la Kandinsky

Schmackhafte Visionen einer Malerei mit Zukunft.
• Vassily Kandinskys Bestreben war es immer,
das Geistige in der Kunst in seine Bilder zu übertragen.
So entstanden lebendige, farbenreiche Variationen,
die Sie bestens in phantasievolle Pizzen übersetzen
können. • Lassen Sie Ihren Gefühlen freien Lauf. •
Erleben Sie seine Kunst. • Unser Modell: >Bunte
Aktionen < à la Kandinsky (1941).

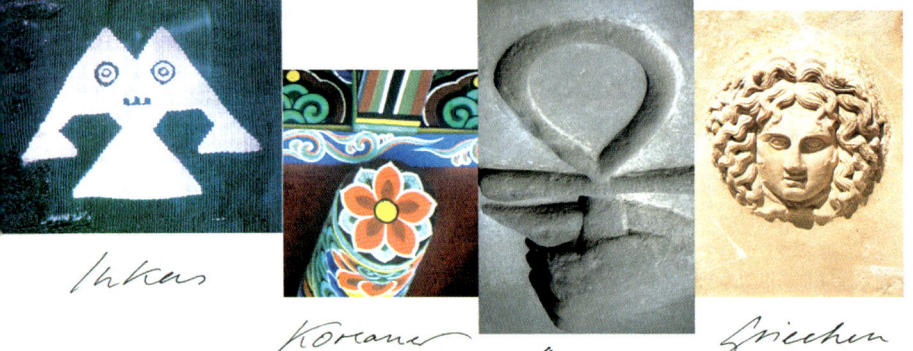

Inkas

Koreaner

Ägypter

Griechen

Die großen Epochen der Kunst auf Ihrer kleinen Pizza – eine Herausforderung der besonderen Art. Ein herrlicher Spaß und ein lehrreicher Ausflug in die Kunstgeschichte. Vorlagen für Ihre epochalen Pizzen finden Sie in Kunstgeschichte-Büchern, Museen oder Reiseführern. Augen auf und frisch ans Werk.

Die Kunst der Jahrtausende

51

P I Z Z A

Inka

Nehmen wir uns gleich eine der ältesten Kulturen der Welt zum Vorbild. • Inka-Motive von Textilien oder Stein-Reliefs liefern schier endlose Vorlagen für unsere Pizzen. • Die stark stilisierten und ausdrucksstarken Muster und Symbole für übernatürliche Kräfte sind leicht und schnell nachzumachen. • Unser Modell: Skizze aus dem Völkerkundemuseum in München, stark stilisiertes Gesicht aus einem Kelimgewebe.

52

P I Z Z A
Egyptienne

Dass bereits Ramses gerne Pizza aß, wissen Sie ja schon. •
Ob die alten Ägypter aber auch ihre Pizzen mit dem Horusauge
oder anderen Hieroglyphen belegt haben, bleibt wohl ein Rätsel
der Geschichte. • Uns kann das aber egal sein. • Hauptsache,
es sieht gut aus und schmeckt.

Für die schwarzen
Streifen Ihrer
Inka-Vögelchen
verwenden Sie
Auberginenstreifen
oder Seetang.

Ankh – der
Lebensschlüssel
der Ägypter
verleiht Ihrer
Pizza-Party etwas
Mystisches. • Die
Schlüssel lassen
sich wunderbar
auf einem Holz-
stab stapeln oder
wie eine Girlande
aufhängen. So
kann sich jeder
seinen Lebens-
schlüssel pflücken.
• Bleibt nur noch
zu wünschen, dass
sich die magische
Kraft dieser
Schlüssel auf Ihre
Gäste überträgt.

Korea

Die Koreaner stehen ihrem großen Nachbarn China in nichts nach. • Die stilisierten **Blumenmotive** entnehmen wir buddhistischen Tempeldächern. • Die gelbe Sauce für diese Pizza kräftig würzen, denn Koreaner essen gerne scharf.

Buddha sei Dank.• Holen Sie sich die Paradiesblumen der Tempel auf Ihre Pizza.• Mit gelben und roten Tomaten, Zucchini, grünen Bohnen und Kapern.

Greca

Die Griechen verstanden schon etwas vom Leben. • Von Wein, Weib und Gesang. • Bringen Sie diese Lebensfreude auf die Pizza. • Oder besser auf Ihre Pizza Pane. • Knabbern Sie genussvoll an den Schönen der Antike. • Motive finden Sie auf griechischen Vasen. • Die Strichzeichnung lässt sich gut mit dem Messerrücken, einem Löffel oder einer Gabel in den Teig drücken.

55

Knusper-Runen

Prassen wie die alten Wikinger und Germanen. • Die Pane
Runen servieren Sie zu urigen Grillfesten oder einfach nur zu
Bier, an Stelle von Chips. • Da die Runen auch ein Alphabet
bilden, können Sie ganze Wörter mit den Runen schreiben. •
Ein herrlicher Partyspaß.

57

ᚺᚨᛈᛈᛃ   ᛒᛁᚱᛏᚺᛞᚨᚤ

h a p p y   b i r t h d a y

Ein herrlicher Partygag!
Mit Ihren Knusper-Runen können
Sie geheime Botschaften
übermitteln: I love you, Happy
Birthday oder was immer
Sie wollen...• Anstatt
der Runen können Sie auch jedes
andere Alphabet dieser
Welt verwenden. Wie wäre es
mit Griechisch, Russisch
oder gar Chinesisch?•
Nun backen und puzzeln Sie
mal schön.

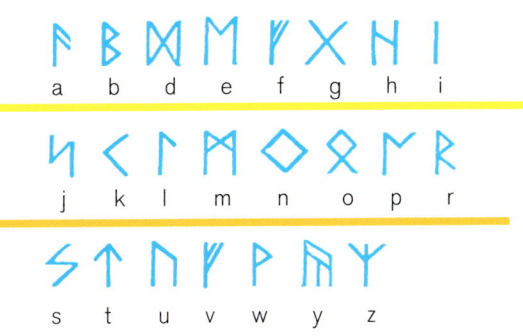

a   b   d   e   f   g   h   i

j   k   l   m   n   o   p   r

s   t   u   v   w   y   z

Jugendstil

Ob Sie Jugendstilfassaden oder Gemälde von **Gustav Klimt** als Vorbild nehmen, bleibt ganz Ihnen überlassen. • In jedem Fall werden Sie mit Ihren Kunstwerken Eindruck schinden. • Reichen Sie dazu ein Likörgläschen voll Danzinger Goldwasser – so viel Stil muss sein. Schließlich haben die Jugendstilkünstler auch nicht mit Gold gespart.

Dada

Was Dada ist, wissen nicht einmal die Dadaisten. • Wer, wann und wo das ominöse Wort erfunden hat, das weiß man auch nicht mehr. Es ist mittlerweile auch ohne Belang, weil Dada der Inbegriff für Modernität mit einem Schuss Witz und Skurrilität ist. • Wenn Sie also eine Dada-Pizza machen, ist alles erlaubt. Vom Scampi bis zum Gummibärchen, vom Kaviar bis zur Erbse.

Ganz klar, daß Sie für diese beiden Pizzen ganz besondere Zutaten verwenden: Exzellente Shrimps, Babytintenfische und Krebsfleisch. • Besonderen Glanz verleihen Sie Ihrem Kunstwerk mit viel Knoblauchöl.

59

Papa

Mama

Du

Ich

Die kleine Kunst

Pittore

Nun sind Sie dran! • Nach all den großen Künstlern haben Sie
nun sicher Lust, einmal ganz frei Ihre eigene künstlerische Pizza
zu kreieren. • Die **Malpalette** liegt bereit. Frisch ans Werk!

Wenn Sie wollen, können Sie je nach Jahreszeit, auch noch weiße Blüten nach dem Backen darauf legen. • Probieren Sie doch mal Gänseblümchen oder – wie wir – Dokkae-Blätter aus dem Asialaden.

63

P I Z Z A
Colore-Party

Ein schöner Party- oder Geburtstagsgag: Backen Sie kleine Pizzen in je einer Farbe. Ein ganzer Tisch voll Farbtupfer. • Los geht's mit Pizza Bianco, der Weißen. • Einfach viel geriebenen Mozzarella drauf – fertig.

P I Z Z A
Giallo

Die Gelbe. • Kennen sie schon gelbe Tomaten? Die sollten
Sie unbedingt einmal probieren! • Zusammen mit gelben
Auberginen und einer dicken Scheibe gelbem Schmelzkäse eine
interessante Mischung.

64

P I Z Z A
Rosso

Die Rote. • Überflüssig zu sagen, dass jetzt wieder die roten
Tomaten dran sind. • Nach der normalen Tomaten-Käse-
Schicht geben Sie noch eine extra Portion Tomaten drauf. •
Für den Gaumenkitzel mogeln Sie noch eine klein gehackte
Peperoni darunter.

PIZZA
Verde

Die Grüne. • Total Bio. • Die Zucchini in dünne Streifen schneiden.
Mit Öl und fein gehacktem Knoblauch einpinseln, damit Ihre Pizza
die richtige Würze bekommt. • Die frischen Basilikumblätter erst kurz
vor dem Servieren darauf legen.

67

P I Z Z A
Nero

Die Schwarze. • Der **Ultragag** für Halloween und andere Gespenster-
partys. • Sieht strange aus, schmeckt aber lecker. • Eine normale
Pizza Margherita mit einer schwarzen Olive in der Mitte backen. •
Denken Sie daran, wenn Sie die schwarze Seetangscheibe schneiden:
Der Umfang sollte etwas größer als der Ihrer Pizza sein. Vergessen
Sie in der Mitte nicht das Loch für die Olive – und den Seetang erst
nach dem Backen auflegen.

P I Z Z A
Dolce

Die Süße. • So richtig was für Schleckermäulchen und Honigbienchen. • Das Rezept dazu finden Sie auf Seite 15. • Die Süßen sind so richtig was zum Spielen. • Mit Fruchtgummis, essbaren Blüten wie Gänseblümchen oder Waldmeister, frischen Kräutern, z. B. Pfefferminze, lassen sich wunderbare Designs fix auf die rote oder gelbe Fruchtsauce zaubern.

Sag nicht immer
Gänseblümchen zu mir,
ich sag ja auch nicht
Waldmeisterin zu dir.

69

Immer neue Muster ergeben sich,
wenn Sie die Fruchtgummis
in Streifen oder Scheiben
schneiden. • Auch Schokoladen-
blätter, Pralinen oder wie
hier eine mit Schokolade
überzogene Kaffeebohne gibt es
schon fertig zu kaufen und
eignen sich prima für Ihre
Dessertpizza.

Tipp:
Stechen Sie die runden
Formen mit einem Schüsselchen aus
dem leicht ausgewalzten Teig. •
Damit eine Mulde für Ihre Sauce
entsteht und der Rand schön
aufgeht, stellen Sie eine feuerfeste
Form (z.B. ein Soufflée-Schälchen)
beim Backen auf den Teig.

Für Ihren Herzallerliebsten.
• Liebe kann ja so schön
sein. • Schneiden Sie in die
Erdbeerhälfte *oben*
keilförmig ein, sodass ein
Herz entsteht. • Pinien-
kerne bringen Ihr Herz zum
Strahlen.

Fröschlein quakt im Aprikosenteich. •
Setzen Sie Ihren Fruchtgummi-Frosch
auf einen Schokotaler oder eine
Lakritzschnecke. • Die Blumen sind aus
Fruchtgummischeiben und die Blätter
sind in Wahrheit marokkanische Minze.

Stechen Sie mit Ausstechformen Herzen,
Sterne oder was immer Sie wollen
aus Ihrem Blätterteig und backen Sie
diese mit. • Nach dem Backen die
Formen auf die Fruchtsauce legen.

71

PIZZA
sweet heart

Ein Herzchen für Ihr Herzchen. • Die Pizza, mit der Sie <mark>Kinderherzen</mark> erobern. • Die Herzform auf Backpapier vorzeichnen, ausschneiden und als Schablone benutzen.

*Nicht vergessen! •
Vor dem Backen, wie auf Seite 69
beschrieben, ein Förmchen
auflegen, damit die Mulde
zum Belegen bleibt.*

P I Z Z A
Stella

Ein Sternchen für Ihr Sternchen. •
Oder doch lieber für Ihren Liebsten? •
Seien wir einmal nicht so und backen
für jeden unserer Gäste ein Sternchen
mit Erdbeerherz, Waldmeisterstrahlen
und gelben Blütenblättern, z.B.
Ringelblumen.

Du bist mein Glück,
Du bist mein Stern,
auch wenn Du zankst,
hab ich Dich gern!

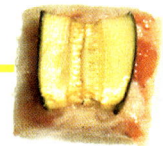

D I E
Pixel-Pizza

Die Pizza für die Generation @. • Extrem partygeeignet. •
Extrem leicht zu machen. • Ein Backblech mit Teig auslegen
und nach Tomatensauce und Käse mit kleinen Quadraten
belegen. • Verwenden Sie alles, was Ihr Kühlschrank hergibt.
• Das Ganze nach dem Backen in mundgerechte Häppchen
würfeln, das erspart Ihnen unnötiges Besteck.

74

P I Z Z A
Opera

Sie kennen die Situation: Kaum ist Pause, drängeln sich alle an der Opernbar. Das muss nicht sein. • Was meinen Sie, was das edle Opernpublikum für Augen macht, wenn Sie Ihre Pizzaherzen ganz cool aus Ihrem Paillettentäschchen ziehen. • Damit bieten Sie Gesprächsstoff für den restlichen Abend.

Zu >Kabale und Liebe<
nehmen Sie natürlich
Ihre Herzpizza mit. •
Zu >Parzifal<
schmieden Sie sich ein
Pizzaschwert. • Und
zu >Aida< Ankh, den
Lebensschlüssel der
Ägypter von Seite 53.
• Nur Mut! • Und
vergessen Sie nicht, mir
ein Foto von Ihrem
Auftritt zu schicken.

Alien

Die neue Art der Comics. Die Pizza Comics. • Vom einfachen Smiley bis zum Alienmonster, von der grünen Bohne bis zur scharfen Paprika ist alles möglich.

78

P I Z Z A
Gaga

Glotz mich nicht so deppert an! • Smalltalk ohne Worte. •
Die Augen sind frittierte Tintenfischringe, Augenbrauen und
Lippen Zucchinistreifen und die freche Zunge ein Stück
rote Paprika. • Wohl bekomm's.

P I Z Z A
Moon

Ob Mond, Mars oder Venus – welchen Planeten Sie auch auf dieser Pizza sehen, bleibt Ihnen überlassen. • Legen Sie knusprig kross frittierte Tintenfischringe (gibt's auch fix und fertig im Tiefkühlregal) nach dem Backen auf die Pizza. • Die Asteroideneinschläge kreieren Sie aus schwarzen Oliven und Kapern oder grünen, eingelegten Pfefferkörnern.

Glupschauge

Sieht sie nicht traurig aus, unsere Pizza? Aber Sie würden auch
nicht glücklicher aussehen, wenn man Sie gleich verschlingen würde. •
Klassisch mit Tintenfischringen oder mit frittierten Zwiebelringen?
Ganz wie Sie gerade aufgelegt sind.

81

Du bist Spitze

Genau die richtige Pizza, wenn Sie jemandem diskret sagen wollen, wie toll er ist. • Emoticons für Ihre Pizza, falls Sie mal gerade nicht ins Internet können. • Du bist spitze <:-)

Mr. Cool

Die Pizza für ganz
coole Typen. •
Für Leute, die nichts
anbrennen lassen.
Eben für Leute wie
du und ich .

=(M)=

:-(

>:-)

:-O

(-N-)

*Ideenfundgrube:
Das Buch <emoticons,
Kultkommunikation
ohne Worte>*

Abbildungen,
mit freundlicher
Genehmigung
des Verlages
Hermann Schmidt
Mainz.

83

und anders

Für alle Kinder
und Junggebliebenen
dieser Welt im

Norden

Süden

Osten

Westen

Kunst für Kinder

Knüppel aus dem Sack

Die Pizza Calzone einmal völlig neu interpretiert. •
Braten Sie in der Pfanne in etwas Öl ein Hähnchenbein ganz knusprig fein. Sie können es einfach nur
salzen und pfeffern oder mit Paprikapulver würzen.
• Den Teig nicht zu dünn auswalzen und einen Kreis
ausschneiden. Mit Tomatensauce bestreichen, aber
einen zwei Finger breiten Abstand zum Rand lassen,
sonst können Sie den Teig nicht mehr zusammen-
kleben. Auf eine Hälfte beliebige Gemüsefüllung
drauf, schön klein gewürfelt und nicht zuviel. Das
Hähnchenbein so darauf legen, dass es noch heraus-
schaut. • Alles zusammenklappen und am Rand
fest aufeinander drücken. Mit einem Löffelende
die Naht eindrücken. • Märchenhaft mit Gänseblümchen auf einem Pizzateller anrichten.

...und das Lebkuchenhäuschen
war gar nicht aus Lebkuchen,
sondern aus Pizza. Und das mit
der Rapunzel, das glaub ich
auch nicht...

MÄRCHENPIZZA
Sterntaler

Um das Sterntalermädchen brauchen
Sie sich keine Sorgen machen, denn
das isst jetzt gleich die Pizza auf. • Die
goldenen Paprikasterne, die gefüllten
Olivenblümchen, den knusprigen Pizza-
waldboden...einfach alles, bis nur noch
ein paar Krümelchen übrig bleiben.

MÄRCHENPIZZA

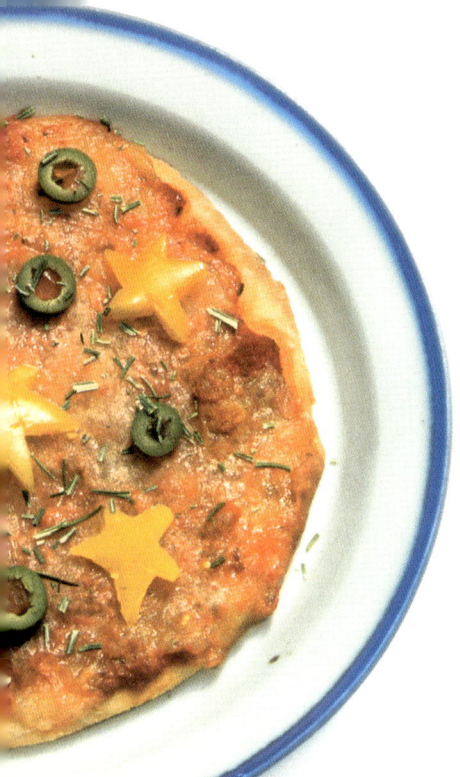

Dornröschen

Eine Pizza Margherita backen. • Nach dem Backen aus kleinen Tomaten Röschen schneiden und mit Basilikumblättern dekorieren. • Für die Röschen stechen Sie die Tomaten mit einem spitzen Messer zickzackförmig bis zur Mitte ein. Einmal rundherum – und schon lassen sich die beiden Hälften voneinander lösen.

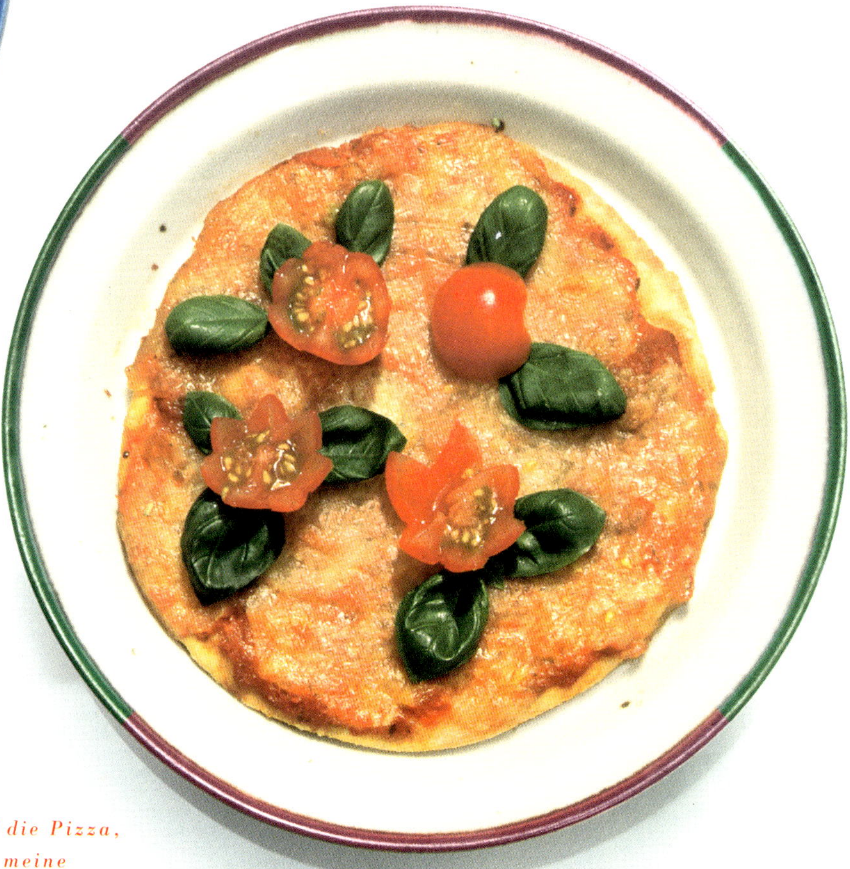

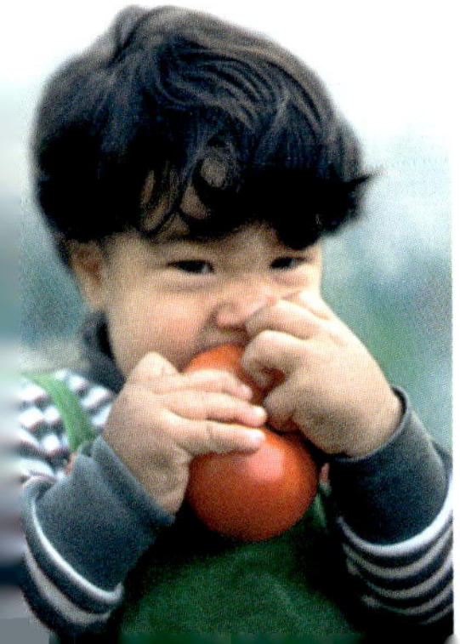

Ich pfeif auf die Pizza, ich esse meine Tomaten lieber frisch!

MÄRCHENPIZZA
Rapunzel

Rapunzel, Rapunzel, lass dein Spaghettihaar herunter. •
Eine echte Herausforderung für die Mami, denn aus Butter-
spaghettis einen Zopf zu flechten, erfordert etwas Übung.
Aber Sie werden das schon schaffen! • Ihre Belohnung
für die Mühe sind strahlende Kinderaugen. Denn mit Pizza
und Spaghetti haben Sie gleich zwei Kinderträume auf
den Teller gezaubert.

Der Hit für Ihre Kinderparty. • Ein ganzes Backblech voll Pizzazwerge. • Originell, individuell und schnell gemacht. • Ein Backblech mit Teig auslegen und mit Tomatensauce und Käse belegen. • Drücken Sie nun mit einem Messerrücken Linien für zwölf Teile in die Pizza. • So lassen sich die einzelnen Gesichter leichter formen.

PIZZAZWERG
Stoppelbart

Kapern für die Augen, ein Paprika-
schnitzer für die rote Nase, Bartstoppeln
aus Seetangstreifen und ein Stückchen
gelbe Aubergine für den Mund.

PIZZAZWERG
Paprikanase

Spargelspitzen für die Stirn, Oliven
oder Kapern für die Augen, scharfe oder
süße Paprika für die Nase und 'ne
Bohne für den Mund. • Sieht gut aus
und ist gesund.

PIZZAZWERG
Oho!

Da staunen Sie. • Zwei Kapern, eine Cocktailtomate und eine Scheibe gelbe Aubergine. • Fertig ist der Spaß.

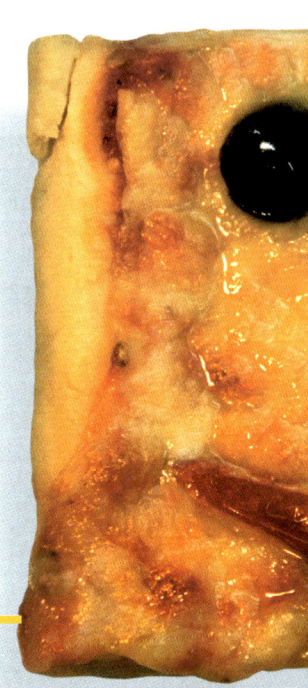

PIZZAZWERG
Quadratschädel

Quadratisch, praktisch, gut. • Und extrem freundlich, der Kleine, finden Sie nicht?

PIZZAZWERG
Tomatennase

Eine <u>Rotznasenfrisur</u> aus Paprikastreifen, den Rest kennen Sie ja schon.
Wohl bekomm's!

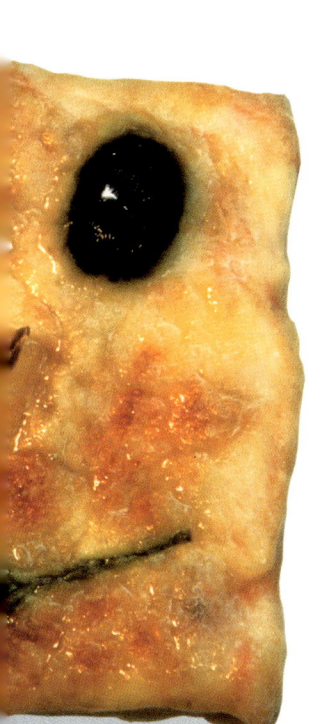

Oh my god die Germans
sind ganz schön crazy!
Das werde ich gleich meinem
Uncle Sam erzählen.

Rezeptregister

94

Karin Niedermeier studierte an der
Fachhochschule München Kommunikations-
Design und arbeitet heute freiberuflich als
Diplom-Designerin. • Ihre Liebe gilt der
Typografie und den verrückten Dingen des
Lebens. • Bereits während ihres Studiums
erschien ihr erstes Buch <emoticons,
Kultkommunikation ohne Worte>. •
Mit **<funny foood>**, ihrer Life-Style-
Kochbuch-Reihe für die junge Küche und
fröhliche Anlässe, hat sie eine Reihe
entwickelt, die im Kochbuchbereich neue
Maßstäbe setzt. • In dieser Reihe sind bereits
erschienen: <eggzentrik>, <Crazy Cats>,
<sweet hearts>, <Pizza Panik> und <funny
foood>. • Es erwartet Sie ein einzigartiges,
innovatives Food-Design – mit jeder Menge
Witz, Charme und liebevollen Details.